AF420815

LA VOCE DELL'AMORE

Raccolta #2

Canale Youtube:

GIULIA SEGRETI

''E' come vedere un film ad occhi chiusi''

Giulia Segreti

''Con la voce si può fare tutto''

Barone Mark Kheel

QR CODE YOUTUBE "GIULIA SEGRETI"

BIOGRAFIA

Giulia Segreti è nata il 6 gennaio 1992 a Fermo e vive a Torre San Patrizio insieme al suo compagno. Ha studiato recitazione per 4 anni e frequentato un corso di doppiaggio a Roma. Nel 2012 ha aperto il suo canale YouTube.

Marco Cognigni è nato ad Ancona l'11 luglio 1993 . Si e' laureato alla facoltà di matematica e applicazioni di Camerino e attualmente insegna in diverse scuole superiori. Dal 2014 collabora con Giulia Segreti nella realizzazione di audioletture e doppiaggi su YouTube.

DOVE TROVARCI

I Nostri Social

- -YOUTUBE @giuliasegreti
- -FACEBOOK @giuliasegreti @baronemarkkheel
- -FACEBOOK PAGE @giuliasegreti @BMK's Room
- -INSTAGRAM @giuliasegreti @baronemarkkheel
- -TIKTOK @giuliasegreti

Queste video poesie sono tutte disponibili nel canale Youtube e nella pagina Facebook di GIULIA SEGRETI con il nome di

"Audio Motivazionali".

Sono tutte interpretate da Giulia Segreti!

Alcune poesie sono scritte da lei mentre altre da persone nel web.

Qui il QR CODE della playlist!

Scansiona con il tuo cellulare ed ascolta le poesie.

C A N A L E
Y O U T U B E

"Giulia Segreti"

DEAR DAD

Caro Papa'

Scritta da Anonimi

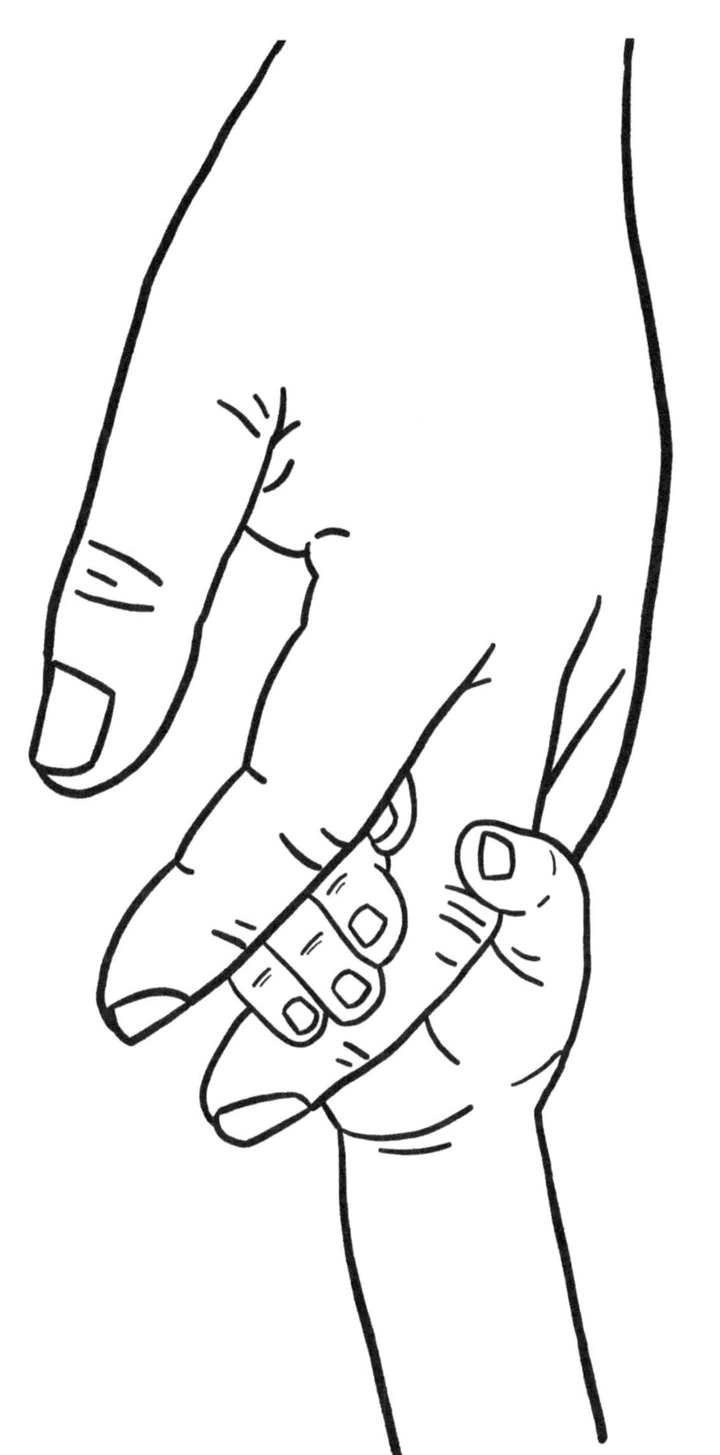

Caro papà,

 volevo solo ringraziarti per esserti preso così bene cura di

me anche quando non ero ancora nata.

So che cerchi di essere sempre meglio di Superman e non

lasci neanche che la mamma mangi sushi

ma devo chiederti un favore.

Fai attenzione… si, riguarda i ragazzi.

Perché vedi io… io sono una ragazza ciò significa che quando

avrò 14 anni i ragazzi della mia classe mi chiameranno:

"cagna, puttana!…troia"

… e mi diranno tante altre cose.

Naturalmente solo per divertirsi,

e' qualcosa che i ragazzi fanno per cui tu sarai preoccupato

e io lo capisco.

Probabilmente tu hai fatto lo stesso quando eri giovane,

magari per impressionare gli altri ragazzi.

Sono sicura che non ha mai pensato per davvero quelle cose.

Eppure alcune persone potrebbero non capire quella battuta e non saranno le ragazze ma i ragazzi.

Quando avrò 16 anni, qualche ragazzo mi metterà le mani nei pantaloni mentre io sarò così ubriaca da non reggermi neppure in piedi ...e anche quando dirò di "no",

 loro rideranno e basta.

Divertente, no?

Se tu potessi vedermi papà, ti vergogneresti così tanto.

Non c'è da stupirsi se sarò violentata a 21 anni ...

21 anni e su un taxi per tornare a casa, che e' guidato dal figlio di quel tipo con cui sei andato a nuotare ogni mercoledì.

Il tipo che ha sempre fatto battute offensive ma naturalmente erano sempre e sole battute, perciò ho riso.

Se tu avessi saputo che un suo figlio mi avrebbe stuprato,

mi avresti chiesto di smettere ...ma come potevi?

era solo un ragazzo che faceva scherzi strani.

 In ogni caso non era un tuo problema, tu volevi solo risultare carino, ma suo figlio cresciuto con questi tipi di scherzi... lui è diventato un mio problema e alla fine ho incontrato questa perfezione e tu sei così felice per me papà perché lui veramente mi adora.

Ed è intelligente, ha un buon lavoro e ogni anno d'inverno va a sciare tre volte alla settimana, proprio come te papa'.

Ma un giorno, mister perfezione non esiste più...

e non so perché.

Un momento, io sto esagerando?

una cosa che so è che non sono una che fa la vittima, sono stata cresciuta per essere una donna forte e indipendente.

Ma una notte tutto diventa troppo per lui ,con il lavoro, i suoceri, il matrimonio in arrivo...

così mi chiama "Puttana".

Proprio come voi chiamate le ragazze quando eravate a
scuola.

Poi , un altro giorno, mi colpisce.

voglio dire io... io sto esagerando??

posso davvero essere una troia alle volte!

Ma siamo ancora una bella coppia , io sono così confusa
perché lo amo e lo odio al tempo spesso.

E non sono sicura se davvero ho fatto qualcosa di sbagliato
e poi un giorno...quasi mi uccide.

Tutto diventa cosi' nero.

Anche se ho un dottorato di ricerca, è un lavoro fantastico
e sono amata dagli amici, la mia famiglia, e sono ben
educata.

 Nessuno ha capito quello che stava succedendo.

Caro papà,

questo è il favore che ti voglio chiedere.

Una cosa conduce sempre ad un'altra.

Quindi per favore fermala prima che posso cominciare.

Non lasciare che i miei fratelli chiamano "puttane" le ragazze perché non lo sono.

Ma un giorno un ragazzino potrebbe pensare che è vero.

Non accettare scherzi volgari da strani ragazzi in piscina e neppure dagli amici...perché dietro ogni scherzo...c'è sempre una ferita.

Caro papà,

so che mi vuoi proteggere dai leoni ,dalle tigri, dalle armi dalle macchine, prima ancora dal sushi... senza mai pensare ai pericoli che corri tu.

 Ma caro papà... sono nata come una ragazza.

per favore fai tutto il possibile per sconfiggere quella che è la minaccia più grande.

MILLE SORRISI

Scritta da Serena di Caprio nel libro "Petali di Me"

Ascoltala Qui

LETTERA DI JOEL AD ELLIE
THE LAST OF US 2

Scritta da DadoBax

Interpretata sempre da Giulia Segreti

Ascoltala qui

Joel,

perché? Perché questa lettera?

Cara Ellie,

l'altra volta riflettevo ancora una volta su quanto

effettivamente mi manchi mia figlia.

Mi manca tornata a casa e trovarla

addormentata,

mi manca vederla crescere,

mi manca immaginare come sarà da grande.

Mi manca il futuro insieme, che non abbiamo

mai avuto.

Probabilmente è per questo che porto ancora

l'orologio che mi ha regalato il giorno in cui è scoppiata l'apocalisse e perché voglio indietro il tempo che non ho mai vissuto con lei.

E sono sicuro che tu comprendi a pieno quello che voglio dire, dato che anche tu hai subito delle perdite importanti.

Mi rendo conto di essere una pessima persona, un contrabbandiere, un assassino, ma che al giorno d'oggi può capire che cosa è giusto e cosa è sbagliato.

Ciò che caratterizza l'uomo più della sua intelligenza dovrebbe essere la sua umanità.

E' chiaro, perché altrimenti si chiamerebbe essere "umano".

L'umanità non c'era neanche prima...

te lo posso assicurare.

I dolori più grandi me li hanno procurato gli

uomini, non gli infetti.

Quando loro hanno sottolineato il fatto che non

fossi tuo padre e che tu non fossi mia figlia,

sbagliai nei modi probabilmente, ma non al

concetto che tu non sei mia figlia ma nel percorso

che ci ha portato qui, in questa avventura

incredibile.

Sei stata più di una compagna di viaggio.

Mi ha stupito il tuo coraggio,

la tua intraprendenza,

la tua forza,

mi ha stupito il tuo stupore nel notare le

abitudini della pre-apocalisse.

Ed e' per questo che ti ho mentito perché ti voglio

al mio fianco.

E' per l'uomo che serve una cura.

Tu....tu sei la mia redenzione, Ellie!

Sei la luce che illumina il mio mondo,

sei il giorno dopo l'apocalisse.

con affetto

Joel

AMORE E DOLORE

Ascoltala qui

IO TI AMO

Scritta da Anonimi

IL TUO ROMANZO...

COME SE FOSSE UN FILM!!

Produciamo anche Audiolibri e Audioletture su commissione per scrittori e scrittrici! Ci sono diversi pacchetti che potete scegliere!

COME FUNZIONA?

Realizziamo Audiolibri completi o brevi Audioletture su commissione con le nostre voci!

Potete scegliere la musica, effetti sonori ecc....

L'autore può' scegliere il pezzo che dobbiamo interpretare e anche la durata!

DOVE CI POTETE CONTATTARE?

Per avere maggiori informazioni, anche per altri tipi di pubblicità' che realizziamo, scrivete qui:

EMAIL: giuliasegretiauthor@gmail.com

Mi raccomando scrivetemi **QUESTO CODICE** per ottenere il 20% di sconto

CODICE: GIULIA20

PARTECIPA AL CONTEST
IL TUO MINI RACCONTO EROTICO
PRENDE VITA

In questo libro trovate anche diversi concorsi!

Di cosa si tratta? Come funziona??

RACCONTACI brevemente una notte erotica personale o inventata.

Le cose più' importanti sono le tue emozioni, i tuoi ricordi ed anche un pizzico di fantasia :)

Una volta completato il mini racconto erotico...INVIAMELO!

Email: giuliasegretiauthor@gmail.com

Scrivi nella sezione **OGGETTO : Mini Racconto Erotico**

Non dimenticarti di scrivere il tuo nome e cognome

[anche uno pseudonimo]

e LINK del profilo instagram!!

il racconto deve essere lungo esattamente 1 pagina

Verrà' caricato nel **CANALE YOUTUBE GIULIA SEGRETI**

FATE L'AMORE

Ascoltala qui

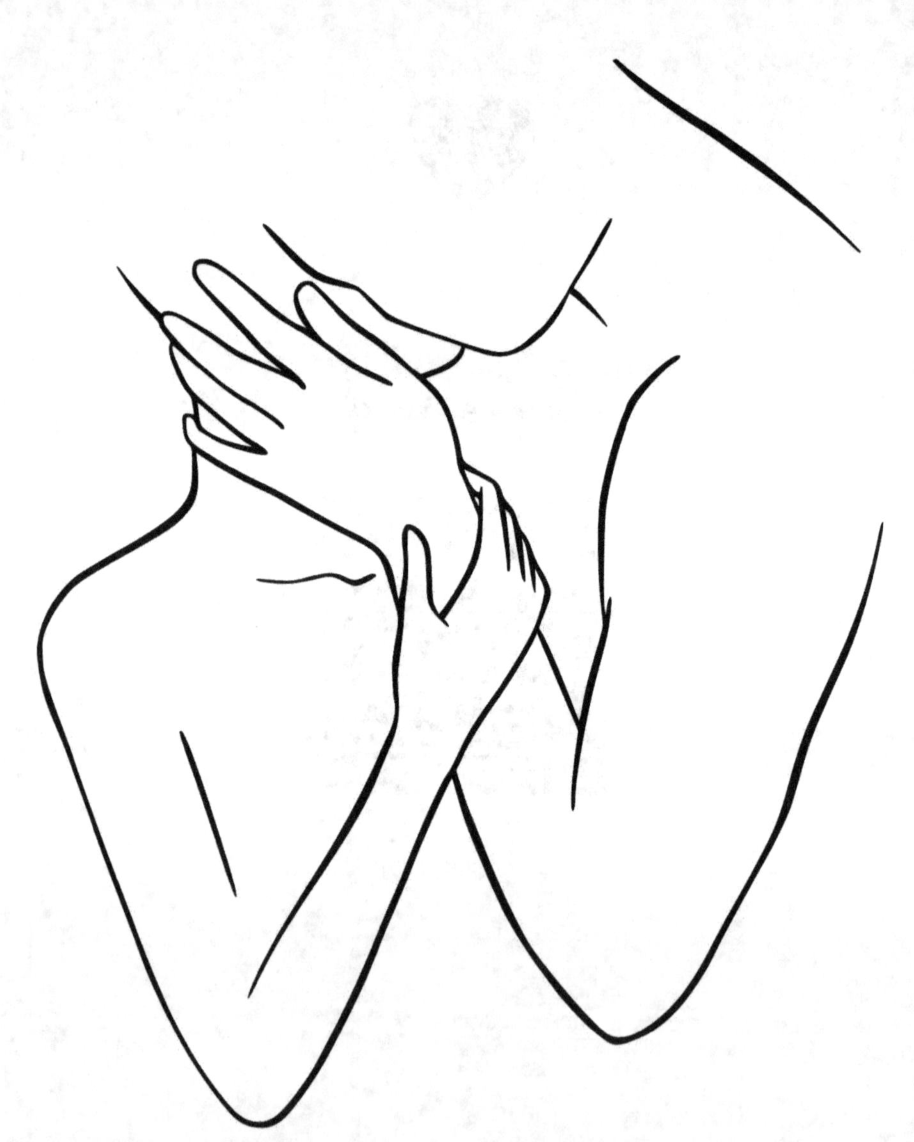

LETTERA AD ED SHEERAN

Storia di Leucemia

Scritta da Alessia Giannini

Ascoltala qui

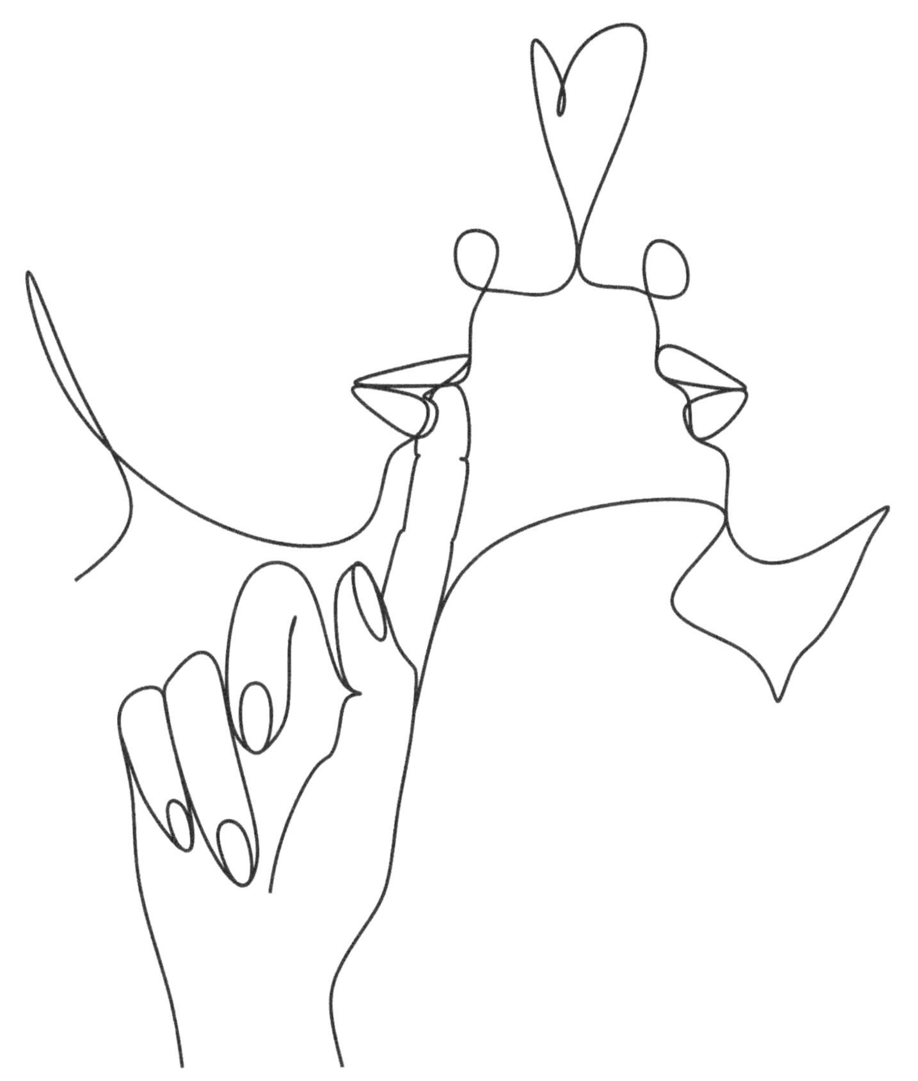

AL MIO AMATO CANE, CIAO POLDO

Il Finale e' scritto da Giulia Segreti

Ascoltala qui

LETTERA DI ABBY A OWEN
THE LAST OF US 2

Scritta da Giulia Segreti

Ascoltala qui

Mi manca tutto di te.

Non dimenticherò mai quella notte.

Insieme, in quella piccola barca.

Le tue labbra e...un bacio.

Ti volevo e anche tu provavi la stessa cosa.

E poi è successo.

Quella notte non posso dimenticarla.

Mi manca il tuo tocco, il tuo profumo, il tuo

sorriso.....tutto.

Scusami.

Ti chiedo scusa perché, non mi sono lasciata andare.

Sapevamo che non era una situazione facile con Mel.

Era troppo complicato.

Con la mia continua fame di vendetta.

Lei aveva in grembo tuo figlio.

Non potevo lasciarti distruggere la tua famiglia.

Mel mi ha detto che non sono nulla.

Non valgo nulla.

Lei sapeva tutto, Owen.

Forse ti ha seguito o semplicemente lo ha intuito dai miei occhi. Solo io non sapevo cosa provavo.

Per questo ho dovuto affogare i mie sentimenti per te.

Forse, stavamo semplicemente facendo la scelta sbagliata.

Non lo so.

Non potevo essere libera con te.

Lo avrei voluto.

Dopo averti chiuso la porta in faccia senza vederti, ho affrontato il viaggio per salvare Lev, e lì ho capito.

Ho sentito il dolore della distanza.

Ho sentito cosa provavo per la prima volta.

Il cuore mi ha parlato.

Ho tante colpe.

 Mi sento in colpa per tutto.

Dovevo lasciar perdere questo obiettivo da subito e trovare la vera felicità che avevo perso dopo la morte di mio padre, e che solo tu potevi ridarmi.

Avevo deciso di parlartene , avrei affrontato Mel o glielo avremmo detto insieme dopo che avrebbe partorito, ci potevamo inizialmente vedere di nascosto oppure ,non lo

so, scappare via da tutti e tutto ....non so cosa avremmo

fatto Owen.

So solo che volevo ricominciare a vivere con te accettando

tutte le conseguenze ,che sapevi, erano scomode.

Ma avevo te vicino.

Solo te .

La vendetta purtroppo porta solo sofferenze.

Ho sbagliato.

Quando ho aperto quella maledetta porta e ti ho visto lì per

terra pieno di sangue, non ci credevo.

Non potevi essere tu Owen.

Forte, agile e pieno di talento .

Li', ho anche capito che ho perso l'unica parte rimasta della

mia famiglia.

Mi dispiace tanto.

Mi dispiace anche perché, non posso perdere anche Lev .

Basta vendetta, basta tutto.

Mi dispiace Owen .

Ti amerò sempre.

IL TUO ROMANZO...

COME SE FOSSE UN FILM!!

Produciamo anche Audiolibri e Audioletture su commissione per scrittori e scrittrici! Ci sono diversi pacchetti che potete scegliere!

COME FUNZIONA?

Realizziamo Audiolibri completi o brevi Audioletture su commissione con le nostre voci!

Potete scegliere la musica, effetti sonori ecc….

L'autore può' scegliere il pezzo che dobbiamo interpretare e anche la durata!

DOVE CI POTETE CONTATTARE?

Per avere maggiori informazioni, anche per altri tipi di pubblicità' che realizziamo, scrivete qui:

EMAIL: giuliasegretiauthor@gmail.com

Mi raccomando scrivetemi **QUESTO CODICE** per ottenere il 20%

CODICE: GIULIA20

BIOGRAFIA

Giulia Segreti è nata il 6 gennaio 1992 a Fermo e vive a Torre San Patrizio insieme al suo compagno. Ha studiato recitazione per 4 anni e frequentato un corso di doppiaggio a Roma. Nel 2012 ha aperto il suo canale YouTube.

Marco Cognigni è nato ad Ancona l'11 luglio 1993 . È laureato alla facoltà di matematica e applicazioni di Camerino e attualmente insegna in diverse scuole superiori. Dal 2014 collabora con Giulia Segreti nella realizzazione di audioletture e doppiaggi su YouTube.

RINGRAZIAMENTI

Grazie al mio amore e collega Barone Mark Kheel per avermi supportato nella realizzazione di questo libro e negli altri che arriveranno molto presto! Grazie perché sei sempre con me! Grazie anche per avermi fatto da editor e correttore. Ti Amo!

Ringrazio poi tutti coloro che ci seguono e i nuovi arrivati!

Speriamo, con le nostre voci, di farvi vivere delle bellissime emozioni erotiche e non solo ;) Vi aspetto nel mio canale Youtube e Instagram!!

CANALE YOUTUBE GIULIA SEGRETI

Spettacoli FERMO
CULTURA / SOCIETÀ

IL MONDO DELLA RETE SUCCESSO MERITATO
Boom di visualizzazioni con le audio-letture
I sangiorgesi Giulia Segreti e Marco Cognigni

BOOM di visualizzazioni su YouTube, ben 9 milioni, per Giulia Segreti e Barone Mark Kheel (nome d'arte di Marco Cognigni), i due giovani sangiorgesi che attraverso le loro audio-letture stanno appassionando tantissime persone su internet. E' sempre più in voga il loro canale ufficiale «Giulia Segreti» in cui i due audiolettori, attori e doppiatori pubblicano le loro emozionanti produzioni in cui non solo riescono ad animare delle semplici parole scritte nei libri, ma rendono reale ciò che leggono.

Hanno iniziato tre anni fa e ora il canale conta più di 22.000 iscritti e la loro pagina Facebook più di 11.000 like. Un successo che parte dalle loro grandi passioni: i libri e il doppiaggio. I due hanno frequentato la scuola romana di doppiaggio di Roberto Chevalier, voce ufficiale di Tom Cruise, mentre per quanto riguarda la recitazione hanno seguito il corso di Stefano Tosoni a Porto San Giorgio, raffinando così esperienza e professionalità. Il risultato? E' come vedere un film ad occhi chiu-

si. Le loro audio-letture, non solo sono avvolte dalla musica, ma anche dagli effetti sonori e dall'audio speciale in 3D.

Giulia Segreti è stata protagonista anche degli eventi «Magical Afternoon» di Cesare Catà e assieme a Marco è doppiatrice nella serie tv «Columns», diretta da Gustavo Garrafa, in onda su SOS TV. Tra i loro cavalli di battaglia spiccano diverse letture del libro «703 ragioni per dire sì» della scrittrice L.F.Koraline che i due hanno interpretato anche alla Mondadori Bookstore di Roma. Le loro voci sono anche apparse nell'edizione del TG5 all'interno di una clip del film «Io Prima Di Te» di cui loro hanno realizzato molte letture. Sono divenuti famosi nel web specialmente per le letture erotiche della trilogia di «Cinquanta Sfumature», pubblicate anche in diversi siti ufficiali del film.

n. a.

FINE

C A N A L E   Y O U T U B E

"Giulia Segreti"

Giulia Segreti

NOTE

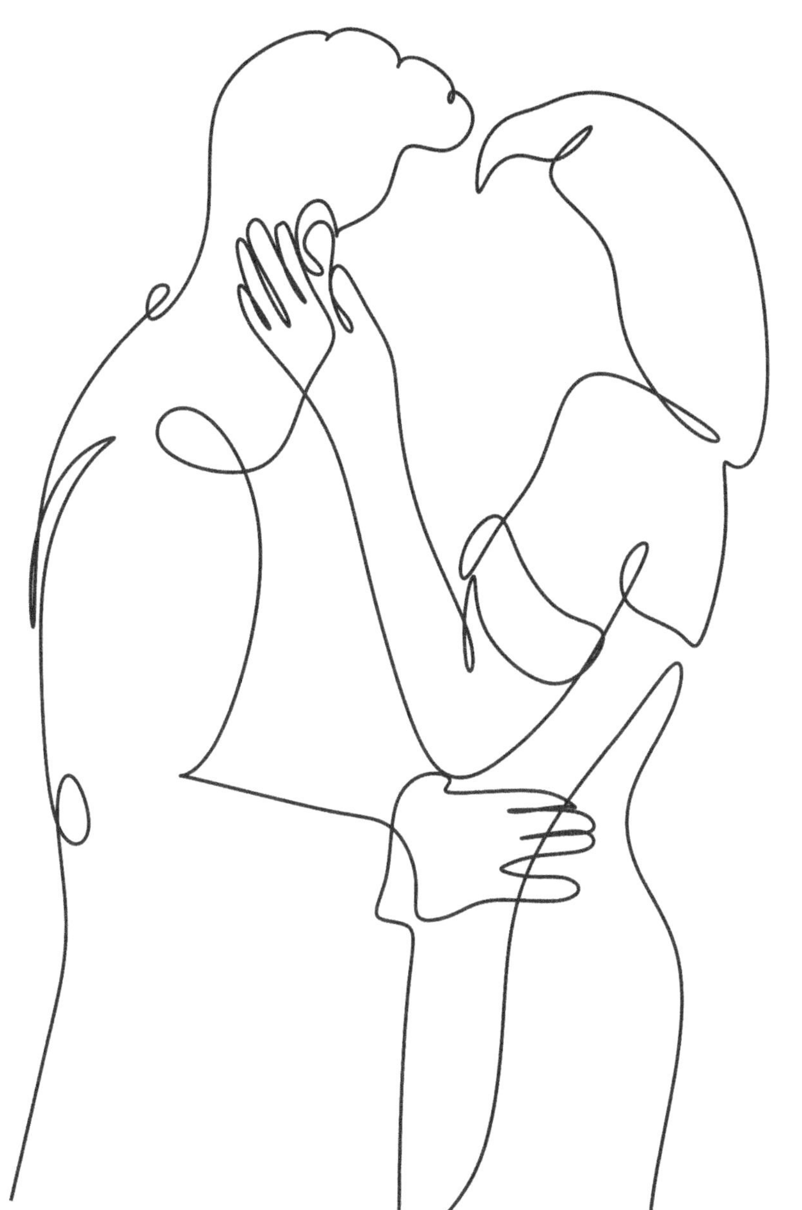